LOS BOCA
JUNIORS

Mario Boyé

LOS BOCA JUNIORS

ODISEAS

JIM WHITING / MICHAEL E. GOODMAN

CREATIVE EDUCATION · CREATIVE PAPERBACKS

Publicado por Creative Education y Creative Paperbacks
P.O. Box 227, Mankato, Minnesota 56002
Creative Education y Creative Paperbacks
son sellos de The Creative Company
www.thecreativecompany.us

Diseño de Graham Morgan
Dirección artística de Tom Morgan
Editado por Marissa Bolte

Imágenes de Alamy Stock Photo/ALLSTAR PICTURE LIBRARY, 39, Canon2260, 4-5, De Luan, 25; Getty Images/ALEJANDRO PAGNI , 67, Anadolu, 8–9, 68, Bob Thomas, 52, Gabriel Rossi, 70–71, Jam Media, 12, JUAN MABROMATA, 56, Marcelo Endelli, portada, Marcos Brindicci, 11, Shaun Botterill, 60–61, SOPA Images, 72, TORU YAMANAKA, 63; Newscom/Kyodo, 59, TELAM, 75; Wikimedia Commons/BugWarp, 29, Casa Rosada (Presidencia de la Nación Argentina), 64, El Gráfico, 2, Frederic Humbert, 20, Gobierno de la Ciudad Autónoma de Buenos Aires, 26, Leonardo Enrique Van Ravensteyn - Estudio Van Ravensteyn, 19, dominio público, 6, 14–15, 28, 30–31, 34–35, 44, 48, 51, 78
Se ha hecho todo lo posible por contactar con los titulares de los derechos de autor del material reproducido en este libro. Cualquier omisión será rectificada en impresiones posteriores si se notifica al editor.

Library of Congress Cataloging-in-Publication Data
Names: Whiting, Jim, 1943- author. | Goodman, Michael E., author.
Title: Los Boca Juniors / by Jim Whiting and Michael E. Goodman.
Other titles: Boca Juniors. Spanish
Description: Mankato, Minnesota : Creative Education and Creative Paperbacks, 2025. | Series: Odysseys in sports. Campeones de fútbol | Includes index. | Audience: Ages 12-15 | Audience: Grades 7-9 | Summary: "Translated into North American Spanish, a sports history for teen readers of the Argentine soccer club Boca Juniors, highlighting the association football team's championship cups and the players who helped it achieve worldwide fame"-- Provided by publisher.
Identifiers: LCCN 2024026508 (print) | LCCN 2024026509 (ebook) | ISBN 9798889897880 (library binding) | ISBN 9781682778531 (paperback) | ISBN 9798889898009 (ebook)
Subjects: LCSH: Boca Juniors (Soccer club)--History--Juvenile literature.
Classification: LCC GV943.6.B59 W5518 2025 (print) | LCC GV943.6.B59 (ebook) | DDC 796.3340982--dc23/eng/20240709
LC record available at https://lccn.loc.gov/2024026508
LC ebook record available at https://lccn.loc.gov/2024026509

Impreso en China

Boca Juniors celebra un campeonato en 2017

Severino Varela

CONTENIDO

Introducción

A falta de un partido para el final de la temporada 2019-20 de la Primera División argentina, Boca Juniors de Buenos Aires se situaban a un punto en la clasificación por detrás de su rival de ciudad, River Plate. Si tanto Boca como River ganaban sus últimos partidos—o si ambos empataban—entonces River ganaría el título por un punto. (Los equipos reciben tres puntos por una victoria y uno por un empate).

ENFRENTE: Julio Buffarini (izquierda) de Boca Juniors juega el balón con Maximiliano Cuadra (derecha) de Gimnasia y Esgrima La Plata en un partido en Buenos Aires, Argentina, el 7 de marzo de 2020.

Ambos equipos se enfrentaban a rivales de menor rango, por lo que River era favorito para ganar tanto su partido como el campeonato. Pero las cosas no salieron como estaban planeadas ese día de marzo. Contra el modesto Atlético Tucumán, River sólo pudo empatar 1-1, lo que dio una oportunidad a Boca.

Sin embargo, conseguir esa victoria no sería tarea fácil. Boca jugaba contra Gimnasia, de la cercana La Plata, un equipo dirigido por la leyenda del fútbol argentino Diego Maradona. Para dar suerte, el legendario delantero estrella de Boca y capitán del equipo, Carlos Tevez, se acercó a Maradona

Carlos Tevez de Boca Juniors (izquierda) y Diego Armando Maradona, entrenador principal de Gimnasia y Esgrima La Plata (derecha), se encuentran antes un partido entre Boca y Gimnasia el 7 de marzo de 2020, en Buenos Aires.

QATAR
AIRWAYS
adidas
CABJ
10

ENFRENTE A Carlos Tevez, de Boca Juniors, celebra con sus compañeros después de marcar el primer gol para su equipo durante un partido entre Boca Juniors y Gimnasia.

y le dio un beso. A las cámaras les encantó. Pero el beso de la suerte tardaría casi todo el partido en hacer efecto.

Los equipos lucharon arriba y abajo del campo. Tras más de 70 minutos de juego, el marcador seguía empatado a cero. Entonces, en el minuto 72, Boca dispuso de un tiro libre. El extremo izquierdo de Boca envió un pase hacia la boca de gol, donde Tevez, que esperaba justo delante, controló el balón, apuntó y lo envió a la red. Los aficionados de Boca se enloquecieron en las gradas. Al final del partido, Boca se proclamó campeón de la Primera División por 34ª vez en su historia.

Un súper equipo en Sudamérica

El fútbol, como se conoce en la mayor parte del mundo fuera de Estados Unidos y otros países de habla inglesa, es el deporte más popular para jugar o ver en Sudamérica. La mayoría de los argentinos aficionados al deporte tienen un club favorito. Boca Juniors y River Plate son, con diferencia, los más populares. Cuando estos dos clubes se enfrentan, los aficionados se apasionan e incluso se ponen violentos.

ENFRENTE: Un estadio de Boca Juniors con gradas de madera sería demolido para construir en su lugar La Bombonera.

Sus partidos tienen un nombre especial: "Superclásico". *Clásico* significa "de alta calidad", y *super* refleja la condición de los dos equipos como los más populares de Argentina.

Boca y River son dos de los 28 equipos de la máxima categoría del fútbol argentino, la Primera División. Todas las ligas del país están bajo la dirección de la Asociación del Fútbol Argentino (AFA), creada originalmente como la Argentine Association Football League (AAFL) en 1893, hace más de 130 años. La mayoría de los demás países de Sudamérica tienen sus propias federaciones que ayudan a coordinar sus equipos y competiciones, y todas esas confederaciones están bajo la regulación de la Confederación Sudamericana de Fútbol (CONMEBOL).

Como parte de la temporada regular, cada equipo de la Primera División juega una vez contra otro, sumando puntos en la clasificación. El equipo con más puntos es declarado campeón. Además de la temporada regular, hay torneos nacionales, continentales y mundiales adicionales, que permiten a los equipos ganar varios títulos. Históricamente, la División ha estado dominada por los "Cinco Grandes", todos ellos equipos con sede en el Gran Buenos Aires: Boca Juniors, River Plate, Independiente, Racing Club y San Lorenzo de Almagro. En los últimos años, sin embargo, otros equipos han surgido para desafiar a los Cinco Grandes.

Boca y River se fundaron hace unos 125 años, y

sus historias están interconectadas. Antes de 1880, el fútbol se jugaba casi exclusivamente en Inglaterra. Era popular entre estudiantes y trabajadores. Algunos de esos trabajadores se trasladaron a Italia en la década de 1880 y trajeron consigo el juego. Más tarde, miles de italianos hicieron la larga travesía oceánica para instalarse en Argentina. Muchos de los recién llegados se asentaron en La Boca, un barrio de Buenos Aires. *Boca* se refiere a la ubicación del barrio en la desembocadura del río Matanza, donde los astilleros ofrecían muchas oportunidades de empleo a los inmigrantes. Cuando no estaban trabajando, los hombres disfrutaban del deporte, que incluía el fútbol.

El irlandés Paddy McCarthy llegó en 1900. Empezó a enseñar inglés y deportes ingleses, como fútbol y boxeo, en una escuela local. En aquella época, el deporte

La primera foto que se tomó de Boca Juniors, en 1906, después de que el equipo ganara la Copa Reformista.

Nombrar ese deporte

En la Inglaterra de los años 1860, se crearon reglas para dos deportes escolares que consistían en correr con una pelota o patearla hacia una portería. Los deportes se llamaron "fútbol rugby" y "fútbol asociación". Los estudiantes jugadores los apodaron "rugger" y "soccer" (utilizando la segunda sílaba de asociación). Durante un tiempo, los ingleses lo llamaron tanto "football" como "soccer". Con el tiempo, sólo se utilizó fútbol. Hoy en día, el fútbol se juega en todo el mundo. Sin embargo, el juego se llama soccer en Estados Unidos, Canadá, Australia e Irlanda. En esos países, el fútbol consiste en un balón alargado con cordones que se lanza en lugar de patear.

se asociaba sobre todo a los argentinos acomodados. A McCarthy se le atribuye el mérito de haber animado a los jóvenes de clase trabajadora a jugar al fútbol. El 3 de abril de 1905, tres de sus alumnos futbolistas—Esteban Baglietto, Santiago Sana y Alfredo Scarpati—se reunieron con los hermanos Teodoro y Juan Antonio Farenga en casa de Baglietto. Decidieron formar un equipo de fútbol. Después de escuchar a los bulliciosos adolescentes durante varias horas, el padre de Baglietto los echó. Continuaron su discusión en un banco de la Plaza Solís, un popular lugar de reunión de La Boca. Hoy en día, se considera el lugar de nacimiento de Boca Juniors, y una placa conmemora la ocasión.

Los adolescentes utilizaban el nombre de su barrio para identificar a su equipo. Luego, debido a la popularidad de los nombres ingleses en Argentina, añadieron

Juniors como apodo. Los chicos reunieron a suficientes amigos para formar una **lista** completa y jugaron su primer partido como Boca Juniors sólo 18 días después de aquella primera reunión. Con una victoria por 4-0 sobre Mariano Moreno, otro club local, marcaron la pauta del futuro éxito de Boca. Los hermanos Farenga anotaron tres de los goles, y Sana añadió el cuarto.

Manuela Farenga cosió rayas negras verticales en camisetas blancas para el uniforme del equipo de sus hermanos. Pero se encontraron con un problema dos años después. Otro equipo tenía prácticamente el mismo diseño, y equipos diferentes no podían tener la misma **equipación**. Para resolver la cuestión, los clubes acordaron jugar un partido. El ganador conservaría las rayas blancas y negras, y el perdedor tendría que cambiarlas. Boca perdió. El jugador Juan Brichetto sugirió que adoptaran los colores de la bandera del primer barco que entrara en el puerto cercano a la mañana siguiente. Los jóvenes observaron ansiosos cómo se acercaba un barco. Era el *Oskar II*, con su bandera sueca azul y amarilla ondeando en la brisa.

Como mucha gente de Boca era originaria de la ciudad portuaria italiana de Génova, el equipo añadió lo que se convertiría en el apodo permanente del equipo: "Los Xeneizes", o los genoveses. Los nuevos colores del equipo generaron otro apodo: "Azul y Oro" Un tercer apodo llegó años más tarde, cuando el equipo alcanzó su nivel máximo de popularidad: "La Mitad Más Uno".

Se refería a la pretensión del equipo de ser el mejor patrocinado de Argentina. En la actualidad, más de 500.000 personas viajan cada año a Buenos Aires para ver jugar a Boca Juniors.

También se impuso un apodo menos halagador. El estadio de Boca estaba en el emplazamiento de una antigua fábrica de ladrillos. La fabricación de ladrillos requería grandes cantidades de estiércol, que penetraba el barrio con su fétido olor. Otra palabra para estiércol es *bosta*. Como bosta suena parecido a boca, a los aficionados rivales les encantaba corear: "¡Bosteros! ¡Bosteros! Bosteros!" La palabra significa "manipuladores de estiércol". Con los

Vista de Buenos Aires, la capital y ciudad más grande de Argentina, en el siglo XIX. La ciudad está situada en la orilla occidental del Río de la Plata.

De visita en Boca

Para muchos turistas que visitan Buenos Aires, el barrio de Boca es una visita obligada. Boca es colorido, ocupado e incluso un poco de miedo para los extraños. En el centro está El Caminito. Este camino bonito es una zona de paseo bordeada de casas y tiendas de colores. Todos los edificios están pintados de vivos colores y no hay dos iguales. Si escucha con atención, oirá música de tango, y a veces los bailarines actuan en plena calle. Los turistas que deseen asistir a un partido deben comprar las entradas con antelación y dejar en casa la ropa de River Plate.

años, los aficionados de Boca decidieron que les gustaba el apodo maloliente. Hoy, las redes sociales del equipo dan la bienvenida a los "Bosteros" para que se conecten.

Boca estableció un orgulloso legado en el fútbol sudamericano jugando sus primeros partidos organizados en ligas de nivel inferior. Ganó campeonatos tanto en la Liga de Villa Lobos como en la Liga Albión. El equipo dio un paso de gigante cuando se unió a la AFA en 1908. Comenzó a jugar en la Segunda de Ascenso. Ganar su primer partido contra Club Atlético Belgrano fue una señal de lo que vendría. El siguiente objetivo del equipo era ascender a la Primera División, la máxima categoría del país. Cuando la Primera División se amplió en 1913, Boca fue uno de los equipos que se añadieron. El 24 de agosto de ese año, Boca jugó un partido que inició quizás la rivalidad más acalorada de todo el fútbol.

Nuevos Clubs

C. A. BOCA JUNIORS.—Con esta denominación se ha constituido una nueva asociación del foot ball. La comisión directiva ha quedado á cargo de los siguientes señores: presidente, A. Baglieto; vice A. Gelci, secretario A. Scapato; pro. S. Sana; tesorero T. Farenza, pro. P. Moltedo; capitán, I. A. Farenza, y 5 vocales. La secretaría ha quedado instalada en la calle Pinzón 267 (Boca).

Los periódicos de Buenos Aires anunciaron que Boca Juniors se incorporaba a la Primera División.

Trofeos en el museo de Boca Juniors

Comienza la rivalidad

En 1901, otro grupo de futbolistas de La Boca formó un equipo llamado River Plate. Eligieron su nombre por el Río de la Plata que fluye cerca de Buenos Aires. Cuando River Plate jugó contra Boca Juniors por primera vez en 1913, se produjeron peleas en el campo. Un jugador de Boca fue expulsado al comienzo del segundo tiempo por la violencia. Unos 25 minutos después, un jugador de River fue expulsado del partido. Sin embargo, incluso con pocos jugadores, River ganó por 2-1.

ENFRENTE: Un partido entre Boca Juniors y River Plate, cuya rivalidad se conoce como Superclásico.

La rivalidad había comenzado, y ha seguido siendo intensa desde entonces. Hace varios años, la revista de fútbol *FourFourTwo* calificó la competencia entre Boca y River "el mayor **derbi** del mundo". El periódico inglés *The Observer* puso al Superclásico primero en su lista de "50 cosas deportivas que debes hacer antes de morir". Hasta 2023, los dos clubes habían jugado 259 partidos entre sí en ligas o torneos. Boca Juniors tenía una ligera ventaja con 90 victorias frente a las 86 de River, con 83 partidos terminados en empate.

A pesar de perder contra River en ese primer encuentro, Boca quedó en un respetable quinto puesto en su primera temporada en Primera División. El equipo ascendió al tercer puesto en la 1914, pero cayó al 14º en las dos temporadas siguientes. Se recuperó y fue cuarto en 1917 y tercero en 1918, cuando derrotó a River por primera vez.

A mediados de la temporada siguiente, 14 equipos se separaron para formar la Asociación Amateurs de Football (AAmF). Boca se quedó, mientras que River saltó a la AAmF. Como resultado, los rivales no volvieron a enfrentarse durante varios años. Boca ganó su liga en 1919, 1920, 1923 y 1924. Fue especialmente dominante en 1924, con 18 victorias y 1 empate en 19 partidos. Marcaron 67 goles y sólo encajaron 8. El delantero Domingo Tarasconi fue el máximo goleador de la liga por segunda temporada consecutiva. Durante su carrera con Boca en 1922-32, Tarasconi marcaría 186 goles en 226 partidos y ganaría cinco títulos de goleador de División. También marcó 11 goles en los Juegos Olímpicos de Ámsterdam 1928, donde Argentina ganó la medalla de plata por detrás de Uruguay.

Boca Juniors en 1930

Animado por su notable éxito, Boca se embarcó en una gira europea en 1925, algo prácticamente inaudito en aquella época. El grupo de viaje incluía a un gran aficionado, Victoriano "Toto" Caffarena. No sólo se pagó el viaje, sino que ayudó dando masajes y cuidando los uniformes. Los jugadores apreciaron tanto su esfuerzo que le llamaron "El Jugador Número 12". Hoy en día, los aficionados de Boca autodenominan "La 12" porque aportan para que el equipo gane.

La gira europea fue un éxito, con 15 partidos ganados, 3 perdidos y 1 empatado. De vuelta en Argentina, fueron designados

“HOY EN DÍA LOS AFICIONADOS DE BOCA SE AUTODENOMINAN 'LA 12' PORQUE APORTAN PARA QUE EL EQUIPO GANE”.

“Campenes de Honor” por su éxito y rápidamente retomaron el camino que habían dejado dos temporadas antes. En 1926, en la AFA, se impuso por 15-0-2, con 67 goles a favor y sólo 4 en contra, y se llevó un nuevo título.

La AFA y la AAmF se fusionaron en 1927. Boca terminó el año en segundo lugar en la liga ampliada de 34 equipos. La fusión también marcó la reanudación de la acalorada rivalidad con River. Boca se impuso por 1-0 en 1927. Cuando los clubes se enfrentaron al año siguiente, Boca consiguió una de las victorias más contundentes de la historia de la rivalidad, un 6-0. Las cosas se pusieron tan feas ese día que el capitán de River pidió **clemencia** al árbitro, deteniendo el partido antes de tiempo. River se recuperó la temporada siguiente, y los dos equipos ascendieron juntos a lo más alto de la Primera División. En 1930, Boca conquistó otro título de liga, y River quedó tercero.

Se avecinaban grandes cambios para los jugadores argentinos. En 1931, el fútbol era cada vez más popular en gran parte de Sudamérica. Una mayor popularidad significaba

La mitad más uno

Boca juega la mayoría de sus partidos en Buenos Aires, pero su afición está repartida por toda Argentina y más allá. El equipo afirma que, dentro de Argentina, sus seguidores son "la mitad más uno", es decir, más del 50 por ciento. Esta afirmación puede ser un poco exagerada. Una encuesta realizada por una consultora hace varios años reveló que más del 90 por ciento de los argentinos mayores de 18 años se declaran aficionados de un equipo de fútbol en particular. Alrededor del 40,4 por ciento se inclina por Boca, y el 32,6 por ciento eligió a River Plate. Independiente ocupa el tercer lugar, con un 5,5 por ciento.

mayores ingresos por la venta de entradas. Aunque el fútbol seguía siendo oficialmente un deporte amateur, los clubes empezaron a compensar a los jugadores por debajo de la mesa. En lugar de cheques de pago, se les daba dinero en efectivo y mercancía, como ropa cara. Esto daba a los jugadores cierta flexibilidad. Podían ir de un club a otro en busca de las mejores ofertas. Además, los clubes profesionales europeos empezaron a atraer a los mejores atletas con lucrativos contratos.

En 1931 se produjo otra escisión en el fútbol argentino. Dieciocho clubes formaron la Liga Argentina de Football (LAF), abiertamente profesional. El resto permaneció en la AFA. Ambas ligas se consideraron parte de la Primera División y celebraron campeonatos separados. El juego de las sillas musicales terminó cuando los jugadores firmaron contratos que les vinculaban a un equipo. Boca ganó el primer título de la LAF con una victoria por 3-0 sobre River en el último partido de la temporada. Boca hizo historia al ganar el último título de la era amateur y el primer campeonato de la era profesional.

El cambio de popularidad llevó la rivalidad a otra dimensión. Mientras Boca permanecía orgulloso en la zona obrera de su fundación, River se mudó a un barrio más lujoso. Como resultado, mucha gente empezó a considerar a Boca como el "equipo del pueblo", mientras que River se asociaba cada vez más con la clase acomodada de Buenos Aires. Algunos aficionados empezaron a llamar a River "Los Millonarios" ya que en 1932 se proclamó campeón de la Primera División. Durante los 15 años siguientes, River ganó siete títulos más, mientras que Boca ganó cinco. Boca fue segundo por un solo punto en 1933, pero ganó la liga en 1934, convirtiéndose en el primer equipo en marcar 100 goles en una temporada. Entonces, la AFA y la LAF se fusionaron.

La temporada del campeonato de 1940 fue especialmente memorable para Boca. El gobierno argentino reconoció que el fútbol profesional era importante para su pueblo. Concedió préstamos a los equipos. River ya había aprovechado este programa en 1938 para abrir El Monumental, la instalación futbolística más grande del país. Boca le siguió, construyendo lo que se convertiría en el emblemático campo del equipo, La Bombonera. Tiene forma de herradura escalonada, y el cuarto lado forma

El corazón palpitante de Boca

El nombre oficial del estadio de Boca es Estadio Alberto José Armando, pero en todo el mundo se le conoce como La Bombonera. Según la leyenda, cuando el diseñador estaba planificando el nuevo estadio, recibió una caja de bombones por su cumpleaños. Llevó la caja de bombones a las reuniones de diseño. Todos coincidieron en que la caja se parecía al diseño de su estadio. Durante los partidos en casa, el público se levanta, grita y pisa fuerte. Todo el edificio vibra. Los aficionados corean: "La Bombonera no tiembla, late".

una tribuna delgada, plana y casi vertical, compuesta en su mayor parte por palcos VIP. Boca ganó el primer partido en sus nuevas instalaciones en mayo de 1940 contra otro equipo de Buenos Aires, San Lorenzo. El extremo derecho Ricardo Alarcón marcó los dos primeros goles de la victoria por 2-0 en La Bombonera.

En 1942, Boca registró la victoria más grande de su historia. El equipo marcó dos goles en los primeros 10 minutos contra Tigre, un equipo que estaba en **descenso**. En el primer tiempo anotó cuatro goles más. A mediados de la segunda parte marcó dos veces más y terminó con tres goles en los 10 minutos finales. Julio Jorge Rosell y Rubén Marcial Barrios anotaron **sendos**

Carlos Sosa, Ernesto Lazzatti y Natalio Pescia, el trío que formaba el mediocampo de Boca Juniors en la década de 1940.

tripletes en la derrota por 11-1. Sin embargo, la suerte se les acabó después. Boca sólo marcó 54 goles en el resto de la temporada. El equipo terminó quinto ese año, pero se recuperó y ganó la liga en 1943 y 1944. Esta última temporada incluyó una racha de 26 partidos sin perder, un récord que duraría más de 20 años.

Ese campeonato de 1944 también marcó el último título del equipo durante una década. En 1949, Boca estuvo a punto de descender. Consiguió una victoria por 5-1 sobre Lanús en el último partido de la temporada para permanecer en la Primera División. Al año siguiente, se recuperó para terminar segundo, y finalmente volvió a conquistar el título en 1954. Un jugador clave fue el portero Julio Elías Musimessi. Uno de los nietos del polifacético portero, Lionel Messi, jugaría en la selección argentina y se convertiría en uno de los mejores futbolistas del mundo.

Estrellas en el campo

Boca ganó por fin otro título de la Primera División en 1962. La clave del éxito de esa temporada fue la defensa: Boca sólo encajó 18 goles en 28 partidos. En la defensa se destacaron dos recién llegados, el lateral Silvio Marzolini y el portero Antonio Roma. Con su estilo ofensivo, Marzolini ayudó a redefinir el papel del defensor. "Siempre me ha gustado jugar con libertad, tener el balón y avanzar", declaró. "No me conformo con defender y quedarme atrás. Puedo cumplir ambas funciones".

A Roma le apodaban "Tarzán" por la forma en que se lanzaba a los balones que venían hacia él. Se enorgullecía de proteger su portería. Quizá su **parada** más famosa se produjo cerca del final de la temporada de 1962. Ante River en La Bombonera, en el penúltimo partido de la temporada, Roma detuvo un penal en los últimos minutos. los aficionados de Boca, enfervorizados, saltaron al campo. Hicieron falta casi 15 minutos para devolverlos a las gradas. El equipo lo hizo aún mejor dos años más tarde, al encajar sólo 15 goles en 30 partidos.

Roma continuó su gran defensa de la portería durante toda la década de 1960. Su hazaña más impresionante se produjo durante la temporada de 1969, cuando Roma mantuvo su **portería a cero** durante la increíble cifra de 783 minutos—casi nueve partidos. En total, Boca sólo encajó 11 goles esa temporada, mientras ganaba

El portero Antonio Roma en 1962

otro campeonato de la Primera División. Repitió como campeón en 1970.

Boca Juniors comenzó una historia de éxito futbolístico especialmente productiva, aunque a corto plazo, en 1976. En otro de los numerosos cambios de formato de la Primera División, Boca ganó los torneos Metropolitano y Nacional. Boca fue cuarto de su grupo en la ronda inicial del Metropolitano, pero quedó invicto en la ronda final. Ganó el Nacional de la mejor manera posible, derrotando a River en el partido por el título. Rubén Suñé marcó el único gol del partido en un tiro libre a mediados del segundo tiempo.

Esa victoria los clasificó para la **Copa Libertadores** de 1977, donde se enfrentaron a Cruzeiro de Brasil en una final a dos partidos. Los equipos intercambiaron victorias por 1-0 y tuvieron que jugar un tercer partido en un campo neutral. Ese partido terminó 0-0 y se fue a los **penaltis**. A punto estuvo de empezar de forma desastrosa para

Boca. Roberto Mouzo remató al poste derecho cuando el portero de Cruzeiro se lanzaba en dirección contraria. Pero el árbitro dictaminó que el portero había abandonado su línea antes de tiempo. En la segunda oportunidad, Mouzo no falló. Luego, con Boca por delante en el marcador, el portero Hugo Gatti alcanzó con ambas manos el último lanzamiento de penal de Cruzeiro y lo desvió con facilidad para conseguir la victoria en la prórroga.

La victoria en la Copa clasificó a Boca para la Copa Intercontinental de 1977, donde derrotó a Borussia Mönchengladbach alemán y se proclamó campeón del mundo oficioso. Boca ganó una segunda Copa Libertadores en 1978 y estuvo a punto de

Cómete las verduras, o si no...

No todos los futbolistas son recordados por su habilidad con el balón. Antonio Rattín jugó toda su carrera en Boca Juniors (1956-70), convirtiéndose en uno de los mejores mediocampistas del mundo. Pero se le recuerda más por su temperamento. En 1966, cuando jugaba en la selección argentina que se enfrentaba a Inglaterra en la Copa Mundial, Rattín fue expulsado por protestar las decisiones del árbitro. Furioso, se dejó caer sobre la alfombra roja reservada a la reina. Dos policías tuvieron que escoltarle fuera del campo. Las madres inglesas utilizaron a Rattín como amenaza para que sus hijos comieran verdura. "Si no lo haces", les decían,"Rattín te visitará por la noche".

Diego Maradona

lograr el tricampeonato al año siguiente. El club surgido de los muelles de Buenos Aires se había convertido realmente en una potencia futbolística mundial.

Dos años más tarde, Boca fichó a un jugador que se haría mundialmente famoso. El **mediocampista ofensivo** Diego Maradona apenas tenía 20 años, pero ya era el mejor jugador en activo de Sudamérica, si no del mundo entero. Maradona era un **prodigio** que fue descubierto cuando sólo tenía ocho años. "Le pedimos el carnet de identidad para poder comprobarlo", cuenta Francisco Cornejo, su entrenador en las categorías inferiores. "Aunque tenía el **físico** de un niño, jugaba como un adulto". Maradona empezó a jugar profesionalmente en Argentinos Juniors cuando tenía 15 años. Fue el máximo goleador de la liga en cinco ocasiones. Aún era un adolescente en 1979 cuando el poderoso FC Barcelona español le hizo una oferta. La AFA dio a Argentinos casi medio millón de dólares para pagarle lo suficiente para que se quedara en casa. Firmó con Boca por una sola temporada (1981-82), marcó 28 goles en 40 partidos y condujo al club a su primer título de la Primera División en cinco años. Luego se marchó al Barcelona por un **traspaso** récord.

La marcha de Maradona fue el comienzo de casi dos décadas de vacas flacas para Boca. El equipo tuvo problemas económicos y su único título de la Primera División fue en 1992. Maradona regresó a Boca en 1995, en el ocaso de lo que algunos consideran la mejor carrera

“AUNQUE TENÍA EL FÍSICO DE UN NIÑO, JUGABA COMO UN ADULTO”.

de la historia del fútbol mundial. Pero tuvo problemas con las drogas y no estaba en forma. Tuvo poco efecto en el rendimiento del equipo. El último partido de Maradona fue un Superclásico en 1997, pero pidió que lo destituyeran en el descanso. Su sustituto fue Juan Román Riquelme, de 19 años, que ayudó al equipo a ganar 2-1 a River. Fue un momento simbólico. Si Maradona hubiera jugado toda su carrera en Boca, podría haber sido

Juan Román Riquelme

Copa Libertadores

Además de jugar en la Primera División, Boca Juniors se ha clasificado y ha disputado numerosas competiciones continentales a lo largo de los años, como la prestigiosa Copa Libertadores de la CONMEBOL. La Copa se remonta a 1960 y, en general, se considera tan competitiva como la Liga de Campeones europea. Comienza con cerca de 50 equipos y consta de seis rondas de competición. El ganador es invitado a jugar la Copa Mundial de Clubes de la FIFA. La Copa es uno de los acontecimientos deportivos más vistos en televisión. Los partidos se retransmiten en más de 135 países, con comentarios en más de 30 idiomas.

considerado el mejor jugador de la historia del equipo. Ahora, muchos creen que Riquelme merece ese estatus. En dos etapas distintas en Boca, Riquelme ayudó al equipo a ganar tres Copas Libertadores y cinco títulos de la Primera División. Una vez dijo que su semana laboral empezaba el lunes y terminaba el sábado, "porque los domingos no puedo llamarlos trabajo. Disfruto tanto jugando los partidos".

En 1997, un nuevo compañero se unió a Riquelme en la delantera de Boca. El delantero Martín Palermo era una máquina de hacer goles. En 12 temporadas en Buenos Aires, marcó 236 goles en 404 partidos. Muchos de sus goles fueron

“EL DELANTERO MARTÍN PALERMO ERA UNA MÁQUINA DE HACER GOLES. EN 12 TEMPORADAS EN BUENOS AIRES, MARCÓ 236 GOLES EN 404 PARTIDOS”.

memorables. En 1999, marcó un gol contra Estudiantes de la Plata a los nueve segundos de empezar el partido, demostrando sus reflejos increíbles. En una ocasión, marcó desde su propio campo. Su gol número 100 ayudó a Boca a ganar la Copa Sudamericana 2004. Su gol número 200 fue un remate de cabeza desde más de 40 metros. Por desgracia, Palermo es recordado a menudo por los goles que no marcó. En un partido de la Copa América de 1999 contra Colombia, falló tres penales y Argentina perdió 3-0.

Martín Palermo

Potencia del siglo XXI

A partir de 2000, Boca Juniors se enfrentó a los mejores equipos del fútbol europeo. La Copa Intercontinental (más tarde cambiada a la Copa Toyota) determinaría el mejor club del mundo. A pesar de no ser el favorito, eliminó al poderoso Real Madrid de España y ganó la Copa en 2000.

ENFRENTE: Mauricio Serna, de Boca Juniors, celebra la victoria sobre Real Madrid tras la Copa Intercontinental Toyota, el 28 de noviembre de 2000, en Tokio, Japón.

Al año siguiente estuvo a punto de derrotar al renombrado Bayern Múnich alemán, pero una espectacular parada en la primera parte del portero de Bayern, Oliver Kahn, mantuvo el empate a cero. El partido se fue a la prórroga, y los alemanes se alzaron con la victoria tras marcar un gol en el minuto 109.

Dos años después, Boca se enfrentó a AC Milan, un equipo italiano muy bien clasificado. Los equipos intercambiaron goles en la primera parte, y el partido se decidió en los lanzamientos penales. Milan **convirtió** sólo uno de cuatro, y Boca ganó. Los italianos estaban amargados. "Jugamos

El delantero de Boca Juniors Pedro Larley dispara mientras el portero de AC Milan Dida bloquea durante el campeonato de la Copa Toyota el 14 de diciembre de 2003, en Tokio.

Boca mejora

Cuando Mauricio Macri asumió la presidencia de Boca Juniors en 1995, el equipo tenía grandes problemas económicos. Algunos pensaban que el club debía construir un nuevo estadio en una zona más agradable. Pero Macri no estaba de acuerdo. Desarrolló un plan para mejorar el equipo y el barrio. Macri también empujó a Boca Juniors a participar en más competiciones internacionales y ganar más reconocimiento en todo el mundo. Todo funcionó. Boca Juniors añadió nuevas copas internacionales a su vitrina de trofeos, y las camisetas de Boca Juniors se convirtieron en las más vendidas de América. Más tarde, Macri se convirtió en alcalde de Buenos Aires y luego en presidente de Argentina.

un gran partido y fuimos mejores que los argentinos, pero no convertimos nuestras ocasiones", declaró un jugador de Milan. En 2007 sí que fueron mejores. Los dos equipos volvieron a verse las caras en lo que ahora se conocía como la Copa Mundial de Clubes de la FIFA. Milan marcó tres goles en la segunda parte y se impuso por 4-2.

Boca acababa de empezar a desplegar sus alas enfrentándose a los mejores clubes internacionales. Siguió cosechando importantes victorias por Sudamérica. En 2007, Boca ganó la Copa Libertadores por sexta vez. En 2023 estuvo a punto de conseguir su séptimo título, pero perdió en

“ENTRE 2007 Y 2023, BOCA TAMBIÉN AÑADIÓ OTRAS SIETE CORONAS DE LA PRIMERA DIVISIÓN A SU YA ABULTADA VITRINA DE TROFEOS”.

una apretada final contra el Fluminense brasileño. En la prórroga, los brasileños se impusieron por 2-1. Hasta 2023, el único equipo que había ganado más Copas era Independiente, otro club de Buenos Aires, con siete.

Entre 2007 y 2023, Boca también añadió otras siete coronas de la Primera División a su ya abultada vitrina

Edinson Cavani

Sebastián Villa besa la copa después de que Boca Juniors gane la final de la Copa de la Liga el 22 de mayo de 2022.

de trofeos. El más reciente, el 35º título de liga del club, llegó en 2022. Sorprendentemente, el primer puesto de Boca contó con la asistencia de un portero de River Plate. En el último partido de la temporada, River se enfrentó a Racing Club, que luchaba con Boca por el liderato de la liga. En el minuto 90 del partido, el portero de River detuvo un penal para preservar la victoria por 2-1 sobre Racing y permitir a Boca conservar el primer puesto.

Puede que River ayudara a Boca aquella vez, pero la rivalidad entre los dos clubes de Buenos Aires ha seguido siendo tan intensa como siempre. Por ejemplo, ambos clubes se enfrentaron por el campeonato de la Copa Libertadores 2018. El primer partido de la final a doble partido terminó en empate 2-2 en La Bombonera. El segundo partido, programado para jugarse en El Monumental, tuvo que ser pospuesto y trasladado después de

Fernando Gago

Cristian Lema de Boca Juniors compite por el balón con Facundo Colidio de River Plate.

que el autobús que llevaba a los jugadores de Boca al estadio fuera atacado por aficionados de River. Las autoridades del fútbol sudamericano decidieron trasladar el partido de recuperación al otro lado del océano Atlántico, a Madrid (España). River ganó ese partido por 3-1 y se proclamó campeón por 5-3, en un **global**. Boca espera dar la vuelta a la tortilla en las próximas temporadas.

Boca Juniors tiene un pasado largo y glorioso, y sus aficionados esperan un futuro largo y glorioso. Después de que Boca derrotara a Santa Fe en el último partido de la temporada 2017 de la Primera División, en medio de un estridente despliegue de fuegos artificiales, serpentinas y gritos de legiones de apasionados aficionados, los dirigentes de Boca desvelaron una adición a La Bombonera. Se trata de un enorme reloj que muestra los años, días, horas y minutos transcurridos desde el último descenso de Boca. Es decir, ¡nunca! Es una muestra continua de dominio y excelencia. Los aficionados de La Bombonera esperan que el reloj del descenso siga contando los minutos, las horas, los días y los años durante mucho tiempo.

Demasiadas estrellas

El reloj del descenso es un cambio que los aficionados han aceptado. Pero otros cambios no han sido tan populares. El logotipo del equipo Boca Juniors ha sido una **cresta** amarillo y azul desde la década de 1920. En 1943, se añadieron estrellas para representar el número de trofeos nacionales e internacionales que había ganado el equipo. El escudo se revisó a medida que el club ganaba más trofeos. Desde 2021, han aparecido 70 estrellas en el escudo, pero se está llenando mucho. Se han propuesto varias sugerencias para solucionar el "problema de las estrellas". Una que parece popular es limitar el número de estrellas en el escudo del club a 50 e indicar el número exacto de títulos ganados en una gran estrella dorada en la parte superior.

Bibliografía seleccionada

Club Soccer 101: The Essential Guide to the Stars, Stats, and Stories of 101 of the Greatest Teams in the World. Nueva York: W.W. Norton & Company, 2014.

Galeano, Eduardo. *Soccer in Sun and Shadow.* Traducción de Mark Fried. Nueva York: Nation Books, 2013.

Goldblatt, David, y Johnny Acton. *The Soccer Book: The Sport, the Teams, the Tactics, the Cups*. 3ª ed. Nueva York: DK, 2014.

Richards, Joel. *Superclásico: Inside the Ultimate Derby*. Edición Kindle. Seattle, Washington: BackPage Press, 2013.

Wilson, Jonathan. *Angles with Dirty Faces: How Argentinian Soccer Defined a Nation and Changed the Game Forever.* Nueva York: Nation Books, 2016.

Glosario

clemencia compasión o piedad

convertir aprovechar una oportunidad y convertirla en gol

Copa Libertadores una competición de equipos de fútbol sudamericanos que se celebra desde 1960

cresta un emblema o diseño en un casco, jersey o escudo

derbi un partido entre equipos rivales locales

derrota vencir y provocar una retirada desordenada

descenso el bajón de categoría a un equipo de fútbol de una liga superior a otra inferior, que resulta en el ascenso de un equipo de la liga inferior

equipación la camiseta y el resto de ropa que un jugador lleva en un partido

físico la forma y el tamaño del cuerpo de una persona

global el número total de goles que cada equipo ha marcado en una serie de partidos

lista los jugadores en activo de un equipo

mediocampista ofensivo un mediocampista con un fuerte instinto goleador y buena capacidad de pase y disparo

parada un gol bloqueado por un portero

penalti — una forma de romper los empates en los partidos de fútbol después del tiempo reglamentario, en el que los jugadores intentan chutar el balón de uno en uno por encima del portero contrario

portería a cero — cuando un portero o un equipo no encaja ningún gol en un partido, similar a un shutout en béisbol

prodigio — una persona, especialmente una joven, dotada de habilidades o capacidades excepcionales

sendo triplete — cuando un jugador marca tres goles en un partido

traspaso — precio que un club comprador ofrece a un club vendedor cuando un jugador se traslada de un club a otro

Boca Juniors durante una gira por Europa en 1925

Formación del equipo con varias cabezas rapadas en la gira europea de 1925

Sitios web

Boca Juniors

https://kids.britannica.com/students/article/Boca-Juniors/545009

Más información sobre uno de los equipos de fútbol más exitosos de Argentina.

Club Atlético Boca Juniors

https://www.bocajuniors.com.ar/home

Visite el sitio web oficial del equipo y encuentre la historia del equipo, las temporadas actuales y pasadas, fotos, noticias actualizadas continuamente y mucho más.

Visita Virtual La Bombonera

https://www.realista.io/visita-virtual-la-bombonera/

Haga una visita virtual de La Bombonera.

Índice